Lb 625.

DES EMPRUNTS

COMME VOIES DE RESSOURCES

OUVERTES PAR LA LOI AU GOUVERNEMENT,

POUR LUI FACILITER LES MOYENS DE SE PROCURER

PARTIE OU TOTALITÉ

DES 300 MILLIONS

EXIGÉS PAR LE DÉFICIT ET LES BESOINS EXTRAORDINAIRES DU BUDGET DE 1831,

ET

PLAN PRÉCAUTIONNEL

POUR SATISFAIRE A CES BESOINS, EN CAS D'INSUFFISANCE D'AUTRES MOYENS,

SANS AUGMENTATION DE CHARGES POUR LES CONTRIBUABLES,

Et sans recourir ni à aucune vente de bois, ni à la surtaxe de 5o pour o/o sur le capital foncier, et de 55 pour o/o sur le droit de patentes ;

EN RÉALISANT, AU CONTRAIRE, POUR L'ÉTAT UN BÉNÉFICE DE PLUS DE

2 MILLIARDS 200,000,000 FR.,

Enfin en réservant, pour d'autres circonstances difficiles et impérieuses, la ressource de l'aliénation de nos forêts, au sacrifice desquelles on semble se résigner dès aujourd'hui.

PARIS. — IMPRIMERIE DE COSSON,
Rue Saint-Germain-des-Prés, n° 9.

DES EMPRUNTS

COMME VOIES DE RESSOURCES

OUVERTES PAR LA LOI AU GOUVERNEMENT,

POUR LUI FACILITER LES MOYENS DE SE PROCURER

PARTIE OU TOTALITÉ

DES 300 MILLIONS

EXIGÉS PAR LE DÉFICIT ET LES BESOINS EXTRAORDINAIRES
DU BUDGET DE 1831,

ET

PLAN PRÉCAUTIONNEL

POUR SATISFAIRE A CES BESOINS, EN CAS D'INSUFFISANCE D'AUTRES
MOYENS,

SANS AUGMENTATION DE CHARGES POUR LES CONTRIBUABLES,

Et sans recourir ni à aucune vente de bois, ni à la surtaxe de 50 pour o/o
sur le capital foncier, et de 55 pour o/o sur le droit de patentes ;

PRODUISANT, AU CONTRAIRE, POUR L'ÉTAT UN BÉNÉFICE DE PLUS DE

2 MILLIARDS 200,000,000 FR.,

Enfin en réservant, pour d'autres circonstances difficiles et impérieuses, la ressource de
l'aliénation de nos forêts, au sacrifice desquelles on semble se résigner dès aujourd'hui ;

PAR ARMAND SÉGUIN,

DE L'INSTITUT.

PARIS.

AVRIL 1831.

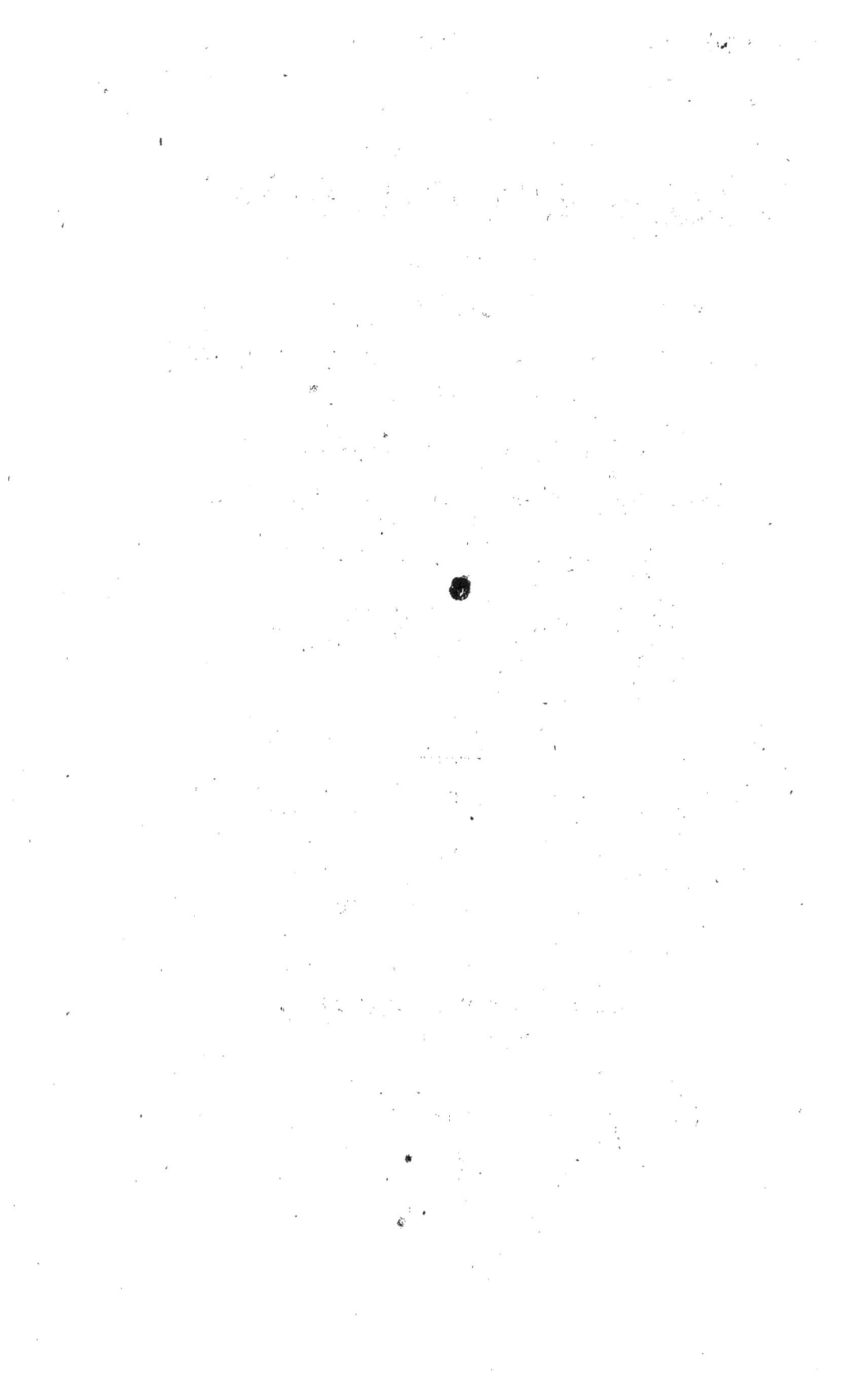

PRÉFACE.

La loi relative au crédit des 200 millions exigés par les besoins extraordinaires du budget de 1831, ouvre au gouvernement, à son choix, trois voies pour se les procurer :

1° Création de 200 millions d'obligations du trésor royal.

2° Aliénation de 300 mille hectares de bois.

3° Emission de quantité suffisante de rentes, 5 pour cent, pour remplir, jusqu'à concurrence, le vide qu'occasionerait, dans la caisse du trésor royal, l'insuccès des deux premiers moyens.

La discussion sur les deux premières de ces trois vroies semble épuisée, aujourd'hui surtout que la loi y relative prononce que le gouvernement n'est pas autorisé à traiter, pour la vente des bois, avec des compagnies particulières.

Il n'en est pas ainsi relativement à l'émission facultative de rentes.

Aura-t-on besoin de recourir à ce dernier moyen? cela est probable, mais au moins cela est possible *, et cette considération suffit pour faire rechercher quels seraient, dans une telle direction, les inconvéniens à éviter et les avantages et convenances à rechercher.

Tel est le but de cet ouvrage.

Ce but me conduira à mettre dans un tel jour de comparaison les résultats numériques des principales combinaisons des divers modes d'emprunt qu'on puisse facilement et sûrement établir à leur égard un choix fondé sur des bases incontestables. De cet ensemble je déduirai, par suite, un autre genre de combinaisons, qui aura pour but la libération complète de nos 5 pour cent, et l'exposition de nouveaux moyens de satisfaire les besoins extraordinaires du bud-

* Le programme de l'emprunt des 120 millions le prouve

get de 1831, sans augmentation de charges pour les contribuables; avec, au contraire, bénéfice pour l'État de plus de 2 milliards 200 millions; en réservant pour d'autres circonstances impérieuses, la ressource de l'aliénation de nos forêts, au sacrifice desquelles on semble se résigner dès aujourd'hui.

PREMIÈRE PARTIE

DES EMPRUNTS

COMME VOIES DE RESSOURCES

OUVERTES PAR LA LOI AU GOUVERNEMENT,

POUR LUI FACILITER LES MOYENS DE SE PROCURER

PARTIE OU TOTALITÉ

DES 300 MILLIONS

EXIGÉS PAR LE DÉFICIT ET PAR LES BESOINS EXTRAORDINAIRES
DU BUDGET DE 1831.

§ Ier.

*Des caractères distinctifs des deux modes
possibles d'emprunts.*

LES emprunts peuvent, sous l'aspect de la
libération des emprunteurs, se diviser en deux
classes : l'une d'elles doit comprendre *les em-*

prunts REMBOURSABLES; l'autre, *les emprunts*
AMORTISSABLES.

Le mode de remboursement a une puissance
de libération fixe et invariable. On peut dès l'o-
rigine en calculer, sans incertitudes, toutes les
conséquences matérielles.

La puissance de libération de l'amortissement
est au contraire continuellement variable, parce
qu'elle se trouve annuellement augmentée des
arrérages des rentes précédemment rachetées.
Sous cet aspect, la puissance de libération de
l'amortissement peut être considérée comme
une progression à différences variables.

Dans l'emprunt remboursable, les arrérages
des libérations partielles entrent dans la caisse
des contribuables, pour y fructifier à leur
profit.

Dans l'emprunt amortissable, les arrérages
de toutes les extinctions partielles précédentes,
au lieu d'entrer dans la caisse des contribuables
et d'y fructifier à leur profit, entrent dans la
caisse dite d'amortissement, et augmentent
d'autant les moyens de libération.

Il suit nécessairement de ces différences :

1° Qu'à égalité de puissance de libération,
toutes autres données étant égales, la durée de

libération de l'emprunt remboursable doit être plus prolongée que celle de l'emprunt amortissable; et que, de même, à égalité de durée de libération, la puissance de libération de l'emprunt remboursable doit être plus considérable que celle de l'emprunt amortissable.

2° Qu'ainsi, pour obtenir même durée de libération, il faut augmenter proportionnellement les moyens de libération du remboursement.

Dans l'un et l'autre de ces deux modes d'emprunt, il est d'ailleurs facile d'établir numériquement à l'achèvement de la libération, surtout si les durées de libération sont égales, la balance entre le compte de leurs jouissances, et le compte de leurs dépenses, à quelque taux d'intérêt que ce soit, pourvu que ce taux soit le même dans les deux comptes; et, par suite, de fixer, en raison de la nature et de l'importance de ces balances, les avantages ou les désavantages respectifs de ces deux modes d'emprunts.

Pour mieux encore éclaircir ce point de discussion, commençons par rechercher, en principe général, si le mode d'emprunt remboursable est, numériquement, plus au moins avantageux, pour l'emprunteur, que le mode d'emprunt amortissable ; puis, après, nous rechercherons quelles seraient, de toutes les combinaisons des emprunts amortissables, les moins dommageables pour l'État.

COMPARAISON

DES RÉSULTATS NUMÉRIQUES DE DEUX EMPRUNTS
DE MÊME IMPORTANCE, L'UN REMBOURSABLE,
L'AUTRE AMORTISSABLE, AYANT INÉGALES PUIS-
SANCES AMORTISSANTES, MAIS ÉGALES DURÉES
DE LIBÉRATION.

EMPRUNT REMBOURSABLE.

Encaissement de l'emprunt.

50,000,000 fr.

Arrérages de l'emprunt.

2,500,000,000 fr.

Puissance de libération.

10,000,000 fr.

Durée de la libération.

---

5 années.

Somme de libération.

50,000,000 fr.

Jouissances à l'achèvement de la libération.

63,820,000 fr.

Dépense à l'achèvement de la libération.

63,814,077 fr.

Jouissances de cet emprunt remboursable.

———

Les jouissances de cet emprunt se compose-
raient, numériquement, ainsi qu'il suit :

1re année.	50,000,000 fr.
Intérêts.	2,500,000 fr.
2e année.	52,500,000 fr.
Intérêts.	2,625,000 fr.
3e année.	55,125,000 fr.
Intérêts.	2,756,250 fr.
4e année.	57,881,250 fr.
Intérêts.	2,894,062 fr.
5e année.	60,775,312 fr.
Intérêts.	3,038,765 fr.
TOTAL.	63,814,077 fr.

Balance entre le compte des jouissances et celui des dépenses.

A l'achèvement de la libération le compte des jouissances balancerait donc celui des dépenses.

EMPRUNT AMORTISSABLE.

Encaissement de l'emprunt.

50,000,000 fr.

Arrérages de l'emprunt.

2,500,000 fr.

Puissance de libération.

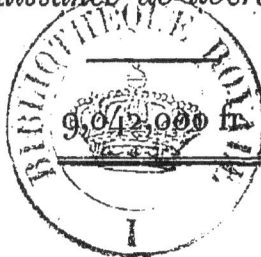

9,042,000 fr.

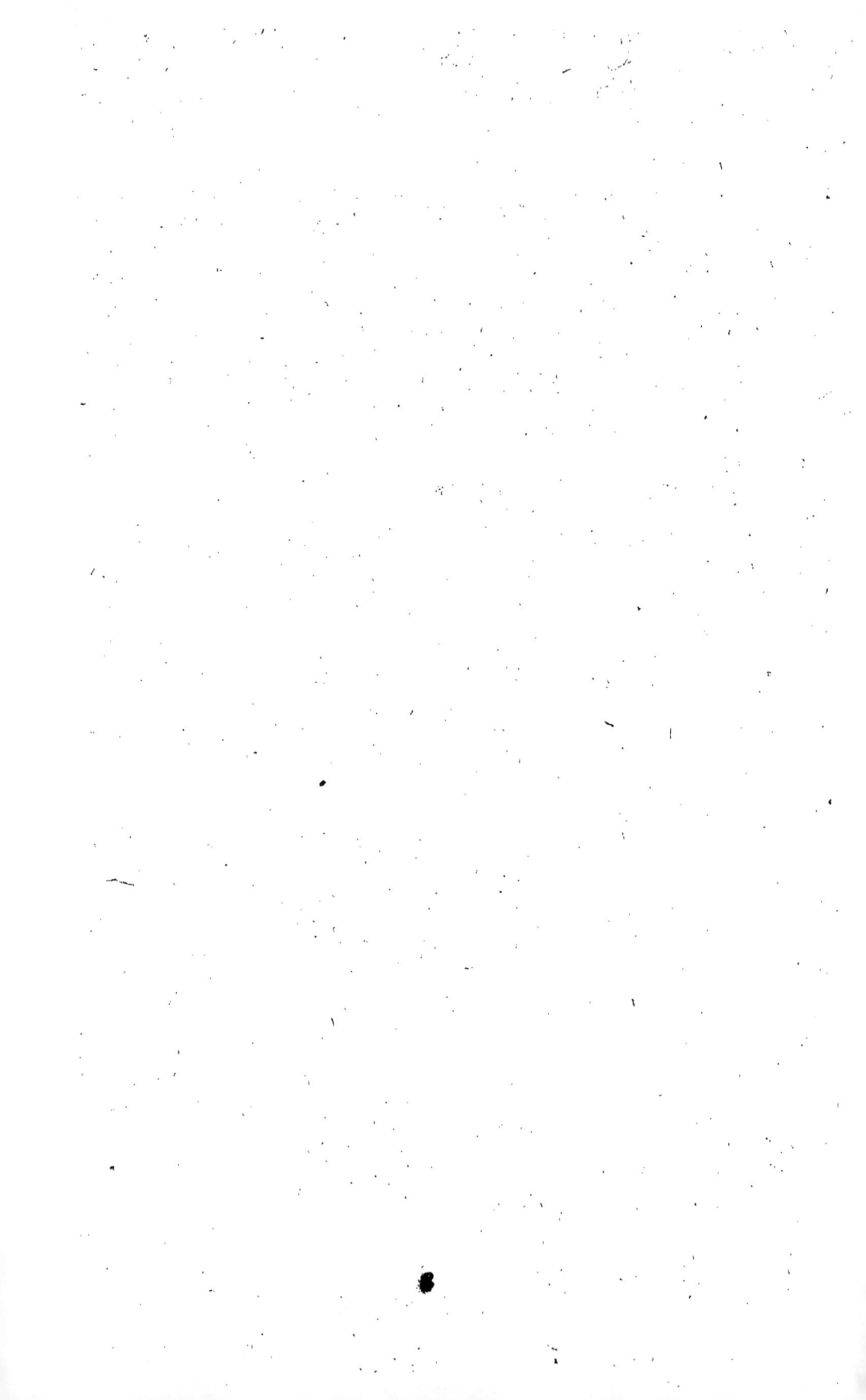

www.ingramcontent.com/pod-product-compliance
Lightning Source LLC
Chambersburg PA
CBHW050401210326
41520CB00020B/6406